UNION

DES

INDUSTRIES MÉTALLURGIQUES ET MINIÈRES

et des Industries qui s'y rattachent

ENQUÊTE ET CONCLUSIONS

SUR

LE DÉLAI-CONGÉ

PRÉSENTÉES

AU CONSEIL SUPÉRIEUR DU TRAVAIL

PARIS

UNION DES INDUSTRIES MÉTALLURGIQUES ET MINIÈRES

ET DES INDUSTRIES QUI S'Y RATTACHENT

90, Rue de la Victoire.

1903

COMITÉ

DE

L'UNION DES INDUSTRIES MÉTALLURGIQUES ET MINIÈRES

ET DES INDUSTRIES QUI S'Y RATTACHENT

PRÉSIDENT

M. Duval, Président de la Chambre Syndicale des Fabricants et des Constructeurs de Matériel pour Chemins de fer et Tramways.

VICE-PRÉSIDENTS

MM. Darcy, Président du Comité central des Houillères de France.

de Wendel, Président du Comité des Forges de France.

Pinard, Président du Syndicat général des Fondeurs en fer de France.

TRÉSORIER

M. Sartiaux, Président du Syndicat professionnel des Industries électriques.

SECRÉTAIRES

MM. Gruner, Secrétaire du Comité central des Houillères de France.

R. Pinot, Secrétaire général des Chambres syndicales du Matériel de Chemins de fer, de la Construction navale et du Matériel de Guerre.

MEMBRES

MM. de Cabrol, Délégué spécial de la Chambre syndicale des Constructeurs de navires et de machines marines.

Cazaubon, Délégué spécial de la Chambre syndicale des Mécaniciens, Chaudronniers et Fondeurs de Paris.

Cornuault, Président du Syndicat professionnel de l'Industrie du Gaz.

A. Coze, Délégué spécial du Syndicat professionnel de l'Industrie du Gaz.

F. Dehaitre, Président de la Chambre Syndicale des Mécaniciens, Chaudronniers et Fondeurs de Paris.

Dion (Marquis de), Président de la Chambre syndicale de l'Automobile.

Eissen Piat, Délégué spécial du Syndicat général des Fondeurs en fer de France.

Fontaine, Délégué spécial du Syndicat professionnel des Usines d'électricité.

Genty, Président du Syndicat professionnel des Usines d'électricité.

Ghesquière, Président de la Chambre syndicale des Métaux.

Guillain, Délégué spécial du Syndicat professionnel des Industries électriques.

Jouet-Pastré, Président de la Chambre syndicale des Constructeurs de navires et de machines marines.

Lévy (Léon), Président de la Chambre syndicale des Fabricants et Constructeurs de matériel de guerre.

Loiseau, Délégué spécial de la Chambre syndicale des Entrepreneurs de constructions métalliques de France.

Maneuvrier, Délégué spécial de la Chambre syndicale des Métaux.

Max Richard, Délégué spécial de la Chambre syndicale de l'Automobile.

Pinat, Président du Syndicat des Forces hydrauliques.

Pinget, Délégué spécial du Comité des Forges de France.

Roussel, Président de la Chambre syndicale des Entrepreneurs de Constructions métalliques de France.

(Voir à la page 3 de la couverture la liste des Chambres syndicales adhérentes à l'Union.)

UNION
DES INDUSTRIES
MÉTALLURGIQUES ET MINIÈRES
ET DES
INDUSTRIES QUI S'Y RATTACHENT

Paris, 90, rue de la Victoire.
18 octobre 1903.

ENQUÊTE ET CONCLUSIONS

DE

L'UNION DES INDUSTRIES MÉTALLURGIQUES ET MINIÈRES

ET DES INDUSTRIES QUI S'Y RATTACHENT

SUR LE DÉLAI-CONGÉ

PRÉSENTÉES

AU CONSEIL SUPÉRIEUR DU TRAVAIL

AVANT-PROPOS

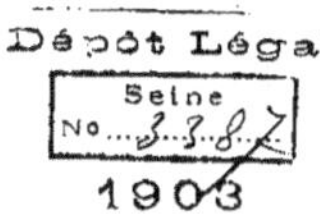

On sait qu'il est d'usage dans beaucoup de professions que le patron et l'ouvrier se préviennent mutuellement un certain temps d'avance de leur intention de rompre le contrat de travail qui les lie. Cette période de temps qui doit s'écouler entre la dénonciation du contrat et la cessation effective du travail est connue sous le nom de *délai-congé*. Le patron ou l'ouvrier qui n'observe pas le délai-congé peut être condamné à des dommages-intérêts.

Le délai-congé ne doit être observé que lorsque le contrat qui lie le patron et l'ouvrier a une durée indéterminée. Si le patron et l'ouvrier se sont engagés pour une période déterminée (un an, un mois, une journée, etc.), leur contrat prend fin à la fin de cette période sans qu'ils aient à s'avertir mutuellement à l'avance, sauf stipulation contraire.

Il est d'usage, en outre, dans la plupart des professions, que pendant la période qui suit l'embauchage de l'ouvrier, et qui est connue sous le nom de « période d'essai », le patron et l'ouvrier peuvent mutuellement se quitter sans observer le délai-congé.

Enfin, la jurisprudence admet qu'en cas de *faute grave* de l'une des parties, l'autre partie peut, sans être passible de dommages-intérêts, rompre le contrat sans observer le délai-congé. Il a été jugé notamment que le patron peut renvoyer immédiatement un ouvrier quand celui-ci est inculpé de vol ou de meurtre (1). Par contre il a été jugé que l'absence de courte durée d'un ouvrier, qui avait d'ailleurs avisé ses chefs par écrit de son absence, si elle

---

(1) Douai, 2 janvier 1900, S. 1900. 2. 172 ; Cassation. 9 juillet 1901, S. 1902. 1. 114.

Document n° 99.

autorisait le patron à résilier le contrat de travail ne l'autorisait pas à ne pas observer le délai de prévenance (1).

Quand l'usage du délai-congé n'existe pas dans une profession, l'obligation de dénoncer le contrat de travail quelque temps à l'avance ne peut résulter que d'une stipulation expresse de ce contrat (2). En fait, en matière de contrat de louage l'obligation du délai-congé résulte presque toujours de l'usage, ou pour employer l'expression consacrée, des « us et coutumes » du métier. C'est également l'usage qui fixe la durée du délai-congé, la durée de la période d'essai et le montant de l'indemnité à payer par la partie qui n'observe pas le délai-congé. Cette indemnité est généralement fixée au montant du salaire afférent à la période du délai-congé.

L'existence de ces usages peut être prouvée par témoins. Généralement cètte preuve est inutile parce que dans la plupart des cas, les contestations sont portées devant les Conseils de prud'hommes, qui sont constitués par des gens du métier. Il est assez rare que ces usages soient consignés dans un document authentique. Cependant il arrive quelquefois que, pour éviter les contestations, des conventions interviennent entre les représentants de patrons et d'ouvriers d'une même profession pour fixer et préciser les usages existant dans la corporation en matière de délai-congé. Nous citerons, comme exemple, la convention intervenue en novembre 1891 entre les chambres syndicales patronale et ouvrière de la blanchisserie de Seine et Seine-et-Oise, celle intervenue entre les chambres syndicales patronale et ouvrière de la passementerie (3), celle intervenue pour la sellerie-bourrellerie le 17 mars 1897 entre les conseillers prud'hommes patrons et ouvriers de cette profession à Paris.

*
* *

Quelle est la valeur des usages, en matière de délai-congé, au point de vue juridique? Les usages en matière de délai-congé, comme tous les usages, n'ont d'autre valeur que de compléter ou d'éclairer le sens des conventions. C'est ainsi que d'après l'article 1160 du Code civil, « on doit suppléer dans le contrat les clauses qui y sont d'*usage*, quoiqu'elles n'y soient pas exprimées », et que, d'après l'article 1159 du Code civil, « ce qui est ambigu s'interprète par ce qui est d'usage dans le pays où le contrat est passé ». Il s'ensuit que l'obligation du délai-congé se présume dans les professions où il est en usage. Mais s'ils complètent ou précisent le sens des conventions, les usages ne peuvent prévaloir contre les dispositions formelles et expresses des conventions. Celles-ci, en effet, d'après l'article 1134 du Code civil, lorsqu'elles sont légalement formées, « tiennent lieu de *loi* à ceux qui les ont faites ».

Aussi la Cour de cassation a admis à plusieurs reprises, que des conventions conclues entre des patrons et des ouvriers pouvaient supprimer ou modifier à leur égard le délai-congé en usage dans leur métier (4).

---

(1) Douai, 11 mai 1892, S. 94.2.194 ; Cassation, 21 novembre 1893, S. 95.1.166.

(2) Cassation, 20 mars 1895, S. 95, 1.313 ; 14 novembre 1894, S. 95, 1.260.

(3) *Code des usages professionnels. — Us et coutumes des métiers. — (Région de Paris.)* — J. Baillière et fils, 1901.

(4) Cassation, 2 février 1898, S. 99.1.22 ; 25 janvier 1899, S. 99.1.313 ; 18 juillet 1899, S. 99.1.508 ; 20 juin 1900, S. 01.1.13.

On a soutenu cependant que de semblables conventions tombaient sous le coup de l'article 1780, paragraphe 4, du Code civil (1), qui porte que « les parties ne peuvent renoncer à l'avance au droit éventuel de demander des dommages-intérêts ». La Cour de cassation a jugé que si cette disposition interdit aux parties de renoncer à l'avance au droit éventuel de demander des dommages-intérêts dans le cas où le contrat de louage de services viendrait à être résilié par la faute de l'une d'elles, il ne leur défend ni de fixer le délai qui devra exister entre la déclaration de congé et la cessation effective du travail ni même de supprimer tout délai de ce genre (2).

Ainsi, ce n'est qu'en l'absence de conventions contraires que l'observation du délai-congé en usage dans la profession est obligatoire. C'est donc à la partie à laquelle il est réclamé des dommages-intérêts pour inobservation du délai-congé, dans une profession où ce dernier est en usage, à prouver qu'une convention formelle la dispensait de l'obligation de l'observer.

Comment peut se faire la preuve de cette convention? Quand il y a un contrat écrit, signé des deux parties la preuve est facile. Mais ce cas est rare. La plupart des contrats de travail, dans les métiers où existe l'usage du délai-congé, sont conclus verbalement. Dans ces conditions, la preuve testimoniale, quand elle est légalement possible, c'est-à-dire quand il s'agit de litiges d'un chiffre inférieur à 150 francs, est pratiquement extrêmement difficile, sinon impossible.

Mais en fait, dans la grande majorité des cas, il existe des règlements d'atelier qui prévoient et règlementent la question.

La question s'était posée de savoir si, sur ce point, les règlements d'atelier avaient force probante. Elle a été tranchée par la Cour de cassation qui a décidé que l'ouvrier travaillant dans un atelier où un règlement est affiché dans les endroits les plus apparents et qui a eu connaissance de ce règlement est censé en avoir accepté les clauses (3).

*
* *

Il en est résulté que dans certaines régions les industriels, pour être assurés de ne pas avoir de difficultés au sujet des délais de prévenance, ont voulu préconiser l'adoption de règlements d'atelier types, pour leur industrie ; ces règlements types contenaient généralement une clause supprimant les délais-congés.

Une question — d'ailleurs beaucoup plus théorique que pratique — s'est trouvée posée, c'est celle de savoir si un règlement d'atelier pouvait supprimer ou modifier des délais-congés déterminés pour une profession et dans une région, par des conventions collectives.

Le Ministre du Commerce a décidé dans ces conditions, de soumettre la question au Conseil supérieur du travail et d'ouvrir une enquête auprès de tous les Conseils de prudhommes, juges des litiges qui s'élèvent à l'occasion des délais-congés.

L'Union des Industries métallurgiques et minières et des industries qui s'y rattachent, a demandé si elle pouvait être entendue ; on lui a répondu que les observations qu'elle pré-

---

(1) Modifié par la loi du 27 décembre 1890.

(2) Cour de cassation, 20 juin 1900, S. 01.1.13, et 16 mars 1903. (*Bulletin de l'Office du travail*, avril 1903)

(3) Cassation 11 mai 1886, S. 86, I, 416 ; 7 août 1877, S. 78, 1.107, etc. Cassation, 12 novembre 1900, S. 1901, 1.14 ; 22 mai 1901, S. 1901, 1264 ; 12 mars 1902, (*Gazette des tribunaux*, 21 août 1902.)

senterait, seraient examinées par le Conseil supérieur du travail. Elle a alors procédé à une enquête auprès des chambres syndicales adhérentes.

On en trouvera ci-après le résultat ; nous l'avons fait suivre du résultat de l'enquête auprès des Conseils de prud'hommes qui vient d'être publié.

On remarquera que dans l'enquête de l'Union trois questions seulement étaient posées, celles indiquées par le *Bulletin de l'Office du travail* (1) comme soumises aux Conseils de prud'hommes.

1° Quels sont les « us et coutumes » en vigueur en matière de délai-congé dans les diverses professions de votre ressort ?

2° La pratique qui consiste à déroger à ces usages a-t-elle pris de l'extension dans votre ressort ?

3° N'y a-t-il pas lieu, à votre avis, de rendre ces usages obligatoires ou tout au moins de permettre d'y déroger que sous certaines conditions ?

Or, nous voyons que le questionnaire adressé aux Conseils de prud'hommes s'est trouvé complété par l'adjonction de deux nouvelles questions dont l'Union a eu connaissance trop tard pour pouvoir les soumettre à ses adhérents.

L'enquête officielle comprenait en effet les cinq questions suivantes :

Première Question. — Pour les principales professions énumérées au décret d'institution de votre Conseil de prud'hommes, indiquer :

1° Si, en cas de rupture du contrat de louage à durée indéterminée, un délai-congé ou délai de prévenance est en usage dans la région.

2° Quelle est la durée de ce délai ?

Deuxième Question. — Êtes-vous informé que dans votre région, on tende à supprimer le délai-congé par voie de règlements d'atelier ? Votre Conseil a-t-il été saisi de difficultés à cet égard ?

Troisième Question. — Quels sont, à votre avis, les avantages ou les inconvénients de la pratique qui consiste à déroger aux usages en matière de délai-congé par des règlements d'atelier ?

Êtes-vous d'avis qu'il ne puisse pas être dérogé aux usages en matière de délai-congé par voie de règlements d'atelier ?

Quatrième Question. — Quels sont, à votre avis, les avantages ou les inconvénients de la pratique qui consiste à déroger aux usages en matière de délai-congé par des conventions individuelles expresses ?

Êtes-vous d'avis qu'il ne puisse pas être dérogé aux usages en matière de délai-congé par des conventions individuelles.

Cinquième Question. — Quels sont enfin, à votre avis, les avantages ou les inconvénients de la pratique qui consiste à fixer les usages en matière de délai-congé par des conventions conclues entre les groupements patronaux et ouvriers de la profession ?

Ces conventions collectives devraient-elles être seules admises à modifier ou à supprimer l'usage du délai-congé ?

---

(1) Avril 1903, p. 308. Voir le Document n° 73.

ENQUÊTE

FAITE

PAR L'UNION DES INDUSTRIES MÉTALLURGIQUES ET MINIÈRES
Et des Industries qui s'y rattachent

AUPRÈS

DES CHAMBRES SYNDICALES ADHÉRENTES

L'Union des Industries métallurgiques et minières et des Industries qui s'y rattachent, ayant été avisée que la Commission permanente du Conseil du travail avait ouvert une enquête sur les usages en matière de délai-congé et sur les dérogations qui y sont apportées, s'est proposé de contribuer à cette enquête en invitant les Chambres syndicales adhérentes à consulter leurs membres sur les trois questions posées par la Direction du travail aux Conseils de prud'hommes (1).

Ces questions étaient :

1° Quels sont, dans chaque région, les usages en matière de délai-congé?

2° Y est-il apporté dans la pratique des dérogations?

3° Y a-t-il lieu de rendre les délais de prévenance obligatoires?

L'Union des Industries métallurgiques a l'honneur de présenter à la Commission permanente du Conseil du travail les observations suivantes qui sont le résumé des réponses qu'elle a reçues :

I. — Usages en matière de Délai-Congé.

Dans les industries dont les Chambres syndicales sont adhérentes à l'Union : forges, fonderies, constructions mécaniques, gaz, électricité, etc., la détermination précise des « us et coutumes » en matière de délai-congé apparaît le plus souvent comme très délicate.

Nos établissements se trouvent répartis dans toute la France, surtout dans le Nord, le Centre et l'Est comme aussi sur les rivages maritimes; ils sont situés tantôt dans de grands centres (Saint-Étienne, Lyon, Lille, Saint-Nazaire, Le Havre, Paris, etc.) où la population ouvrière peut facilement trouver à s'employer et où elle a une tendance de plus en plus marquée à vouloir rester libre de tout engagement, tantôt, au contraire, dans des centres ruraux

---

(1) Voir Document n° 73.

où l'ouvrier originaire du pays a sa famille et souvent quelques biens, désire ne pas se déplacer et ne peut pas par suite trouver facilement un emploi nouveau.

Il est donc naturel que les usages soient très divers suivant les régions.

Dans une même région d'ailleurs, des usages différents ont pu s'établir pour des établissements voisins. Les uns, en effet, ont coutume d'exécuter des travaux urgents dont ils ne peuvent connaître plusieurs jours à l'avance la date exacte d'achèvement, et les ouvriers embauchés par eux savent qu'ils ne sont engagés que pour des périodes courtes et indéterminées (1). D'autres au contraire qui sont assurés d'un travail plus régulier ou qui ont organisé des équipes, tiennent à ne pas être privés subitement d'une partie de leurs ouvriers; il en est résulté tout naturellement chez eux l'usage d'observer des délais en cas de congé (2).

Il convient d'ajouter également qu'il n'est pas rare de voir les rapports de l'ouvrier resserrés par des allocations en nature et par l'attribution de logements gratuits; il en résulte une situation spéciale qui s'accommode mal d'usages admis dans des conditions moins particulières (3).

Il semble, par conséquent, fort difficile de répondre à la première question de l'enquête et d'indiquer quels sont, pour les ouvriers de l'industrie métallurgique, les usages en matière de délai-congé dans chaque région.

C'est ce que corroborent d'ailleurs les résultats de l'enquête de la Commission permanente. Ainsi les ouvriers de nos industries (4) visés dans les

---

(1) Un chantier de construction navale de la région de l'Ouest. — Un atelier de construction mécanique du Sud-Ouest.

(2) Une usine métallurgique du Centre.

(3) Un établissement métallurgique du Centre.

(4) Les mêmes observations pourraient être faites pour les ouvriers de toutes les industries et il ressort bien des réponses envoyées par les Conseils de prud'hommes qu'il y a une extrême diversité dans les usages et qu'aucune règle n'a été suivie pour leur fixation.

Aussi, si nous considérons une catégorie d'ouvriers, les constructeurs mécaniciens, par exemple, nous voyons que 25 Conseils ont répondu que dans leur ressort, il n'existait pas pour eux de délai-congé, 1 a indiqué trois jours, 1 cinq jours, 3 six jours, 9 une semaine, 1 80 heures, 25 une huitaine, 6 une quinzaine et 3 un mois, soit 9 usages différents et dix délais variant de 0 à un mois.

On peut faire les mêmes observations pour beaucoup d'autres professions notamment pour les zingueurs, les charpentiers, les cordonniers, les teinturiers, les imprimeurs.

Les variations sont d'ailleurs justifiées par des motifs très variables.

Ainsi pour les ouvriers des filatures, le délai est à Sedan de 3 à 6 jours suivant la situation de l'usine; à Elbeuf, de huitaine ou de quinzaine suivant le mode de fabrication; à Thizy, de huitaine ou de quinzaine suivant que les ouvriers sont ou non au mois.

Si l'on considère une seule région, on voit que les usages sont non moins variés.

Ainsi à Marseille, 45 professions n'ont pas de délai-congé, 1 a un jour, 11 huit jours, 3 quinze jours, 3 un mois, 1 six semaines et 1 deux mois.

A Lyon, pour la seule industrie de la soierie, il y a huit délais différents : néant, deux jours, trois jours, six jours, huit jours, quinze jours, un mois, trois mois.

A Rive-de-Gier, pour les verriers, les usages sont différents suivant qu'il s'agit de verrerie à bouteilles, de verrerie à vitres ou de verrerie à gobelets et il faut distinguer suivant l'emploi occupé par l'ouvrier, etc., etc.

réponses des Conseils de prud'hommes se trouvent répartis en 424 groupes suivant leur spécialité et suivant la région où ils sont employés.

Pour 131 de ces groupes, il n'y a aucun délai de prévenance en usage;
—	4	—	le délai est de	3 jours;
—	4	—	—	5 jours;
—	13	—	—	6 jours;
—	58	—	—	une semaine;
—	4	—	—	80 heures ;
—	165	—	—	une huitaine;
—	33	—	—	une quinzaine ;
—	9	—	—	un mois ;
—	1	—	—	trois mois ;
—	2	—	le délai est indiqué comme variable.

Il résulte donc tant de l'enquête poursuivie par l'Union auprès de ses adhérents que de celle qui a été faite auprès des Conseils de prud'hommes, que dans les industries métallurgiques, dans celles du gaz et de l'électricité, on ne saurait, à l'heure actuelle, déterminer d'une façon générale, quels sont les us et coutumes adoptés en matière de délai-congé.

II. — Dérogations apportées aux usages en matière de Délai-Congé.

Avant de rechercher si, lorsque des usages existent dans nos industries, des dérogations y sont apportées, et dans quelles circonstances elles le sont, il n'est pas sans intérêt de noter que les chefs d'entreprise apprécient, à leur juste valeur, les avantages qui peuvent résulter pour eux comme pour leurs ouvriers des délais-congés.

« Nous estimons, dit l'un d'eux (1) que des engagements sans prévenance réciproque seraient très préjudiciables aux ouvriers et deviendraient quelquefois une gêne pour le patron.

» Au patron, il faut le temps nécessaire pour pouvoir remplacer les ouvriers qui viennent à le quitter, à l'ouvrier, il faut également le temps de se procurer un nouveau travail.

---

(1) Une aciérie de Meurthe-et-Moselle.

» L'ouvrier sans travail du jour au lendemain pourrait se trouver dans la gêne avant de trouver un travail rémunérateur ou en rapport avec ses aptitudes.

» Il y a plus encore : l'ouvrier donne très souvent sa quinzaine par coup de tête, mauvaise humeur, observation mal comprise, etc., de même qu'il arrive quelquefois à certains chefs, dans un moment de mécontentement, soit pour travail mal fait ou tout autre motif, qui pourrait être excusé après réflexion, de donner également congé à l'ouvrier coupable.

» Sans délai-congé, le départ devrait suivre. Et cependant, il arrive fréquemment, ce que nous observons ici, que, pendant les quinze jours de préavis, le chef réfléchit et pardonne souvent. L'ouvrier, lui aussi, réfléchit durant la période des quinze jours, il revient bien souvent, sur les conseils des siens, à de meilleurs sentiments, et finalement demande à rester, ce qui lui est presque toujours accordé (1). »

Malheureusement, il est incontestable que des abus nombreux tendent de plus en plus à s'introduire en cette matière. Un patron, qui dirige son personnel depuis 1880 (2) écrit qu'il a connu le temps où il était très naturel de part et d'autre de se laisser un certain délai avant de se quitter, et où l'ouvrier faisait d'une façon très convenable ses huit jours. Mais il n'en est plus de même aujourd'hui, et les plaintes à ce sujet sont nombreuses.

« En fait, dit un patron (3), les exemples d'ouvriers faisant pressentir leur départ plusieurs jours à l'avance sont extrèmement rares. A part ces exceptions très peu nombreuses et malgré les très bons rapports que nous avons d'une manière générale avec nos ouvriers, ils nous quittent brusquement du jour au lendemain, réclamant même le matin le règlement de leur compte pour le soir. »

« Lorsqu'un ouvrier nous quitte, dit un autre (4), nous exigeons qu'il nous avertisse huit jours d'avance, mais, en fait, il cesse le plus souvent de paraître à l'usine pendant ce délai, par un moyen détourné, tel que maladie, voyage, etc. »

---

(1) Une usine métallurgique du centre a établi l'obligation d'un délai de prévenance en cas de congé, alors que dans la région, à Bourges, l'usage est de se quitter sans aucun délai.

(2) Un constructeur électricien de Paris.

(3) Un constructeur de machines marines de Paris.

(4) Un atelier de constructions mécaniques du Nord.

Le relevé suivant, envoyé par un patron (1), et indiquant les ouvriers qui ont quitté ses ateliers depuis huit ans, soit sur le champ, soit en prévenant huit jours d'avance, donne une indication intéressante sur les habitudes nouvelles qui tendent à s'introduire.

	Ouvriers ayant quitté les ateliers sur le champ.	Ouvriers ayant quitté les ateliers en prévenant huit jours d'avance.
1895	22	12
1896	31	11
1897	43	12
1898	70	22
1899	86	12
1900	72	28
1901	19	8
1902	17	13

A ce relevé est joint un tableau du temps passé dans les ateliers par les ouvriers et il est à remarquer qu'il n'a généralement aucune influence sur l'observation du délai-congé, l'ouvrier qui a sept ou huit ans de présence se retirant aussi facilement que celui qui est à l'atelier depuis seulement quelques mois.

Il en est résulté que certains établissements ont préféré renoncer à un droit devenu purement illusoire pour eux.

L'un d'eux, depuis 1900, accorde à l'ouvrier la faculté de quitter l'usine après un préavis de deux jours et même sans préavis, alors qu'il s'oblige à le prévenir une semaine à l'avance lorsque c'est lui qui le congédie.

« Ces nouvelles dispositions, très libérales, de notre règlement, dit-il, nous ont paru moins préjudiciables à nos intérêts que l'ancienne dizaine obligatoire de part et d'autre, car nous avons reconnu que l'ouvrier, en instance de départ, n'apporte pas dans l'exécution de son travail son zèle habituel; il fait généralement moins et moins bien qu'à l'ordinaire (2). »

« Il semble malheureusement, dit le chef d'un grand atelier de construction de la Seine, que, lorsqu'un patron est obligé de donner les huit jours à

---

(1) Un constructeur de pompes de Paris.

(2) Un établissement métallurgique du Centre; un établissement métallurgique de la Loire a établi la même coutume et conclut dans le même sens.

un ouvrier, par suite de diminution de travaux ou par tout autre motif, il se crée dans son atelier un ennemi qui est une cause de trouble ou qui cherche à se faire renvoyer immédiatement pour pouvoir réclamer une indemnité. »

Ne pouvant donner toutes les réponses qui lui sont parvenues l'Union a tenu à citer les plus caractéristiques, afin de bien établir l'impression qui se dégage de l'enquête.

Appréciant d'une façon toute particulière les avantages qui résulteraient de la pratique des délais-congés, tant pour les ouvriers que pour la bonne organisation du travail, les chefs d'Établissements n'ont été, et ne sont amenés chaque jour à déroger à cette pratique dans leurs règlements d'ateliers que contraints et forcés par l'attitude et la façon d'agir de leurs ouvriers.

III. — Les Délais de Prévenance doivent-ils être rendus obligatoires?

Les faits qui viennent d'être exposés déterminent et expliquent la réponse à la troisième question de l'enquête.

Beaucoup de patrons regrettant les anciennes pratiques verraient avec plaisir les délais de prévenance rendus obligatoires, si l'ouvrier devait ainsi être persuadé de la légalité de la clause et si la réglementation pouvait avoir pour résultat d'en assurer l'exécution.

Mais il n'est pas possible de se faire d'illusion à ce sujet : « La question du délai-congé est dominée par le fait qu'il n'existe aucun moyen matériel pratique de faire respecter, par l'ouvrier, une obligation bilatérale (1). »

Nous ne rappellerons pas ce que nous avons dit, au début, sur l'extrême diversité des usages existants, diversité qui, reposant sur des nécessités industrielles ou des habitudes locales, prouve qu'il ne saurait être question pour le moment de réglementer d'une façon uniforme cette question. Nous ferons remarquer seulement pour certaines industries que l'obligation d'un délai de prévenance aurait des conséquences ruineuses pour les chefs d'entreprises, partant pour les ouvriers.

Nous pouvons citer, par exemple, les entreprises de constructions métalliques dans lesquelles les aléas des adjudications ont leur contre-coup naturel sur la composition ouvrière des ateliers, et où, même pour des travaux en

---

(1) Un atelier de constructions mécaniques de Paris; une Société de constructions mécaniques du Nord; un constructeur de machines marines de Paris.

cours, des arrêts peuvent survenir, subitement motivés soit par des épuisements de crédit, soit par des modifications de plans (1).

Le délai-congé serait également très difficile à observer aux entrepreneurs chargés d'exécuter le montage d'ouvrages métalliques sur place ; ces montages, qui se font sur tous les points de la France, sont exécutés par des ouvriers recrutés pour cela et qui ne peuvent être employés une fois le travail terminé.

De même encore pour les travaux de renforcement des ponts qui sont demandés par les Compagnies de chemins de fer, et que les entrepreneurs doivent exécuter dans des délais très courts, il est nécessaire de pouvoir embaucher des ouvriers rapidement et les congédier ensuite sans avoir à observer de délais de prévenance.

Dans ces conditions, une intervention législative en matière de délai-congé apparaît, d'une part, comme ne pouvant pas avoir d'effet utile, et, d'autre part, comme pouvant présenter dans certains cas de très sérieux inconvénients.

Il semble donc indispensable, en face de la conclusion qui se dégage de l'enquête, de maintenir la règle d'après laquelle la détermination du délai de prévenance doit être laissée libre de toute réglementation législative, et continuer à résulter, à chaque endroit, des nécessités industrielles et des habitudes des populations ouvrières.

CONCLUSIONS DE L'UNION

Le Comité de l'Union des Industries métallurgiques et minières et des Industries qui s'y rattachent, après avoir pris connaissance tant des réponses qui lui ont été faites par les 14 Chambres syndicales adhérentes, réponses qui se trouvent résumées dans le document qui précède, que de l'enquête poursuivie par la Direction du Travail auprès des Conseils de prud'hommes, a cru devoir présenter au Conseil supérieur du Travail les observations suivantes :

« L'Union des Industries métallurgiques et minières et des Industries qui s'y rattachent, considérant que les usages en matière de délais-congés sont, en ce qui concerne les forges, les fonderies, les industries de la cons-

---

(1) Observations de la Chambre Syndicale des Entrepreneurs de constructions métalliques de France.

truction mécanique, du gaz et de l'électricité, différentes d'une région à une autre, et variables le plus souvent en chaque endroit suivant la nature du travail effectué, le mode de paiement des salaires, etc.,

» Estime qu'*il n'y a pas lieu de réglementer d'une façon uniforme la question des délais-congés.* »

Répondant ensuite aux trois questions qui ont été posées aux Conseils de prud'hommes, relativement à la fixation des délais de prévenance, soit par des conventions individuelles, soit par des conventions collectives, soit par des règlements d'atelier, le Comité de l'Union estime :

« 1° Que *les dérogations aux usages en matière de délai-congé par des conventions individuelles ne sauraient exister que pour certaines catégories d'ouvriers.*

» Les forges, les fonderies, les ateliers et chantiers de constructions mécaniques, les industries du gaz et de l'électricité se composent le plus souvent d'établissements groupant un très grand nombre d'ouvriers ; et il ne saurait être fait pour chaque ouvrier des conditions spéciales quant aux questions qui ressortent de l'organisation même du travail ; aussi, a-t-on été amené la plupart du temps, dans la pratique, à faire le même contrat pour tous les ouvriers d'une même spécialité.

» 2° Le Comité de l'Union estime qu'*il est impossible actuellement de faire régler la question des délais-congés par des conventions conclues entre les groupements patronaux et les groupements ouvriers.*

» Si, à l'heure actuelle, les chefs d'industrie et les Sociétés qui dirigent les forges, les fonderies, les ateliers et chantiers de constructions mécaniques, les entreprises de gaz et d'électricité ont su se grouper dans des Chambres syndicales et fédérer ces Chambres syndicales en une Union centrale, ils ne pourraient cependant pas discuter et régler par l'organe de ce ou de ces groupements la matière des délais-congés.

» Ils ne le pourraient pas parce que :

» *a)* L'Union ne trouverait pas en face d'elle de groupements ouvriers correspondants ; les Syndicats ouvriers qui existent ne représentent que la minorité des ouvriers de la métallurgie et n'ont pas entre eux de cohésion. Même s'ils étaient organisés, une convention collective serait d'ailleurs fort difficile ; une telle convention entraînerait, en effet, pour les patrons et pour les ouvriers les mêmes obligations. Or, il n'entre malheureusement pas encore dans les mœurs des ouvriers d'observer réellement et efficacement les engagements qui sont pris par leurs Syndicats et de respecter la parole donnée en leur nom.

» *b)* Ils ne le pourraient pas également parce que, alors même que les Syndicats ouvriers existeraient et auraient le pouvoir d'engager leurs membres, la question du délai-congé est une question d'un caractère trop spécial et trop local pour être réglée non seulement par des organisations aussi compréhensives que l'Union, mais même par des groupements plus spéciaux comme ceux des Forges, des Constructions de matériel de chemins de fer, des industries du gaz, de l'électricité, etc. Les Chambres syndicales représentent en effet des établissements qui sont situés dans toutes les parties de la France et dont, par suite, les populations ouvrières sont d'origine et de mœurs très différentes.

» 3° Le Comité de l'Union est d'avis que la solution la meilleure paraît être de *laisser à chaque établissement la faculté de fixer la question des délais-congés dans son règlement d'atelier*. Cette façon de procéder permet de tenir compte des coutumes locales et des nécessités de l'industrie ; elle permet également, lorsque les coutumes locales ou les nécessités industrielles viennent à changer, de suivre leur évolution et d'introduire les modifications qui en sont la conséquence dans le règlement d'atelier.

» Le Comité de l'Union recommande, d'ailleurs, comme une pratique en vigueur dans presque tous ses établissements, l'usage non seulement d'afficher le règlement d'atelier, mais d'en donner une copie à chaque ouvrier lors de son entrée dans les ateliers.

» Enfin le Comité de l'Union émet le vœu qu'en principe, et exception faite pour les industries où la nature du travail et l'organisation spéciale qu'il requiert rend impraticable l'usage du délai-congé, telles que les industries des constructions métalliques (usines, chantiers de montage pour ponts, charpentes, etc.) et en général toutes les industries qui ressortent des travaux publics :

» Un délai d'un jour franc soit établi au profit de tout patron et de tout ouvrier définitivement embauché, sauf les cas de dol ou faute lourde.

» En cas d'inobservation de ce délai par l'une ou l'autre des parties, la sanction serait une indemnité égale au salaire d'une journée de travail au profit de celle des parties qui serait lésée par un congédiment ou par une cessation de travail immédiat.

» Il reste bien entendu que ce délai-congé d'un jour franc constituerait un minimun obligatoire et qu'il n'empêcherait nullement l'observation de tout autre usage ou convention établissant la pratique d'un délai-congé d'une durée plus considérable ; il viendrait alors se confondre dans ce délai plus long. »

APPENDICE

LES RÉSULTATS DE L'ENQUÊTE AUPRÈS DES CONSEILS DE PRUD'HOMMES

Avant de dépouiller les réponses aux différentes questions de l'enquête, la Commission permanente analyse, dans son compte rendu, les observations présentées par les Conseils de prud'hommes au sujet des avantages et des inconvénients du délai-congé considéré en lui-même.

Du Délai-Congé en général.

I. — ARGUMENTS FAVORABLES AU DÉLAI-CONGÉ.

A. — *Avantages au point de vue général.*

Au point de vue général, on peut considérer le délai-congé comme un marque de déférence que se rendent mutuellement les patrons et les ouvriers et dont la pratique ne peut que concourir à maintenir de bons rapports entre les deux parties (Bourges). Le plus souvent le patron sait, à l'avance, qu'il n'aura plus besoin d'un ouvrier, et rien ne s'oppose à ce qu'il l'avertisse quelques jours avant de rompre le contrat ; cela ne lui coûte rien, et, par un simple sentiment d'humanité, il a le devoir de le faire (Lille-ouvriers).

D'autre part, la rupture entre un patron et un ouvrier peut quelquefois n'avoir pour motif qu'un mécontentement passager ; si le délai-congé est observé, l'accord peut se rétablir pendant cette période et le contrat n'est pas rompu. C'est un cas qui se produit fréquemment (Lille-ouvriers).

B. — *Avantages pour les Patrons.*

Le patron aura tout le temps nécessaire pour chercher des ouvriers qui remplaceront ceux qui s'en vont (Bourges, Calais, Cannes, Castres, Châlons, Dunkerque, Le Puy, Romorantin, Tarare, La Tour-du-Pin).

Cet avantage sera particulièrement appréciable dans deux cas :

1° Lorsque l'ouvrier qui quitte le patron est un ouvrier spécialiste ou un ouvrier particulièrement habile, tel que son remplacement ne pourra s'effectuer sans quelques difficultés (Darnétal, Dijon, Friville-Escarbotin).

2° Lorsque le patron a pris, envers sa clientèle, des engagements pour exécuter certains travaux avant une époque déterminée, ou pour livrer ses produits à une date fixe (Albi, Maubeuge, Nîmes).

C. — *Avantages pour les Ouvriers.*

L'observation du délai-congé présente, pour les ouvriers, des avantages de la plus haute importance. L'absence de délai-congé les atteint dans leurs moyens mêmes d'existence.

Dans un grand nombre de professions, la recherche du travail par l'ouvrier demande toujours un certain temps. L'ouvrier congédié ne trouve pas une place du jour au lendemain : l'usage du délai-congé a précisément pour but de lui permettre, autant que possible, pendant qu'il travaille encore, de s'assurer un nouvel emploi (Auxerre, Bordeaux, Cannes, Châlons, Romorantin, Thizy, la Tour-du-Pin).

Par conséquent, l'ouvrier sera moins exposé à se trouver brusquement privé du salaire journalier qui constitue son unique ressource, et faute duquel, au bout d'un temps assez court, le travailleur et sa famille tombent infailliblement dans la misère (Albi, Blois, Calais, Darnétal, Dijon, Friville-Escarbotin, Lille-ouvriers, Maubeuge, Mayenne, Nîmes, Le Puy, Roanne, Tourcoing).

Pour le patron qui se trouve abandonné par quelques ouvriers il n'y a qu'une gêne passagère, tandis que pour l'ouvrier qui se trouve renvoyé et qui n'a pas le temps de s'assurer un nouvel emploi, c'est la perte totale de ses moyens d'existence (Lille-ouvriers).

L'ouvrier, grâce au délai-congé, se trouve protégé contre les graves inconvénients des brusques renvois *en bloc*, auxquels les patrons ont recours en temps de crise ou de morte-saison (Dunkerque, Fougères).

Enfin, l'observation du délai-congé peut prévenir en partie la tendance à « l'embauchage », pratique par laquelle certains patrons engagent un grand nombre d'ouvriers pour faire des travaux en un temps très court (Romorantin).

D. — *Arguments en réponse aux objections élevées par les Patrons.*

Les patrons ont invoqué contre le délai-congé un argument qui résulte de ce fait qu'il est difficile au patron de faire observer le délai-congé par l'ouvrier, ou, quand il ne l'observe pas, de lui faire payer l'indemnité à laquelle le Conseil pourrait le condamner. Or, il arrive souvent que les comptes des ouvriers sont arrêtés quelques jours avant la paye, de sorte que, lors même que l'ouvrier vient de recevoir sa paye, le patron a toujours en sa possession le montant de quelques journées de travail qui peut lui servir de garantie (Lille-ouvriers).

On pourrait même autoriser le patron à retenir, à titre de garantie, le montant des journées de travail correspondant à la durée du délai-congé (Albi).

II. — Arguments contre l'usage du Délai-Congé.

A. — *Inconvénients au point de vue général.*

Au point de vue général, il semble qu'on ne puisse pas forcer à demeurer en présence un ouvrier et un patron entre lesquels un désaccord a pu surgir (Angers, Tarare).

Souvent les usages n'ont plus leur raison d'être. Si un préavis était nécessaire dans une industrie isolée, il ne l'est plus si des établissements similaires existent à proximité les uns des autres.

B. — Inconvénients pour les Patrons.

L'observation du délai-congé empêche les patrons de pouvoir se séparer d'un ouvrier dont le travail devient médiocre (Bordeaux, Darnétal, Maubeuge).

Il peut arriver que, pendant la période de délai-congé, l'ouvrier ne fournisse plus le même travail qu'auparavant (Le Puy, Reims, La Rochelle). Aussi se trouve-t-il quelquefois que les patrons préfèrent voir un ouvrier les quitter sans prévenance, plutôt que de le garder pendant un certain délai alors qu'ils n'ont plus confiance en lui (Bapaume, Fourmies). Tout en s'abstenant de fautes graves, l'ouvrier peut, par des malfaçons, causer au patron un préjudice plus considérable que la valeur du salaire correspondant à la durée du délai-congé. De sorte que le patron préférera quelquefois payer une indemnité à l'ouvrier et ne plus l'admettre à l'atelier (Amiens).

Souvent les ouvriers partent sans prévenir, malgré l'usage établi (Mayenne); dans ce cas, le patron n'a aucun recours contre l'ouvrier pour lui faire observer le délai-congé ou lui réclamer l'indemnité (Amiens, Aubusson, Bordeaux, Lille-patrons, Reims); souvent l'ouvrier est insolvable et quitte le pays, et le patron ne peut le poursuivre (Amiens).

Quant à l'ouvrier, il sait toujours bien trouver le patron et pourra toujours réclamer son indemnité s'il est remercié (Amiens). Les sanctions ne sont donc pas équivalentes pour les deux parties quand il s'agit de faire respecter la clause du délai-congé (Aubusson).

C. — Inconvénients pour les Ouvriers.

Il y a inconvénient à conserver les usages locaux en matière de travail, car aujourd'hui les ouvriers voyagent beaucoup et se trouvent à chaque déplacement en présence de nouveaux usages. Ces usages devraient être supprimés (Clermont-Ferrant).

L'absence de délai-congé permet aux ouvriers de prendre immédiatement, quand l'occasion s'en présente, une place plus avantageuse qui peut leur être offerte (Bapaume, Bordeaux, Darnétal, Fourmies, Maubeuge, Reims, La Rochelle, Sens, Tourcoing). On cite notamment le cas suivant, intéressant les ouvriers qui demandent à entrer dans les ateliers et les arsenaux de l'État : l'ouvrier qui fait sa demande doit se présenter à l'arsenal le jour où il est appelé sous peine d'être remplacé par un autre; il est donc indispensable qu'il s'assure que son patron n'exigera pas de délai-congé, ce qui lui ferait perdre une place généralement recherchée, dans les ateliers militaires (Douai).

D. — Objections élevées contre certains arguments en faveur du Délai-Congé.

1° Dans un certain nombre d'industries, il est facile de trouver du travail presque aussitôt le renvoi (Auxerre).

2° L'ouvrier est toujours garanti par l'article 1780 du code civil, même en présence d'un règlement d'atelier, pour le cas où il peut être démontré qu'il est résulté pour lui un dommage (Calais, Reims).

Première Question.

Pour les principales professions énumérées au décret d'institution de votre Conseil de prud'hommes, indiquer :

1° Si, en cas de rupture du contrat de louage à durée indéterminée, un délai-congé, ou délai de prévenance est en usage dans la région ;

2° Quelle est la durée de ce délai?

Les réponses à cette question ont été classées de deux manières différentes ; 1° par Conseils de prud'hommes ; 2° par profession.

Voici, en ce qui concerne les ouvriers des industries métallurgiques et des industries qui s'y rattachent, les délais de prévenance indiqués comme étant en usage.

Métallurgie (1). — *Néant :* Saint-Étienne, Saint-Nazaire.
Semaine : Calais, Nancy.
Huitaine : Charleville, Vienne.
Quinzaine : Belfort.

Hauts-fourneaux. — *Quinzaine :* Valenciennes.

Aciérie. — *Néant :* Voiron.

Puddleurs. — *Huit jours :* Maubeuge.

Laveurs de cendres. — *Huitaine :* Paris.

Galvaniseurs. — *Semaine :* Le Havre.
Quinzaine : Valenciennes.

Forgerons. — *Néant :* Aix, Angers, Bordeaux, Cette, Charleville, Marseille, Mazamet, Nantes, Périgueux, Rochefort, Sedan, Sens, Toulon, Vichy, Vienne, Vierzon. — Constantine, Sidi-bel-Abbès.
Trois jours : Rive-de-Gier.
Cinq jours : Laval.
Six jours : Bourges, Saint-Chamond.
Semaine : Alençon, Caen, Fécamp, Le Havre, Lunéville, Nancy, Nîmes. — Alger.
Huitaine : Anduze (ouvriers à la journée), Avignon, Châteauroux, Darnétal, Dijon, Lodève, Le Mans, Maubeuge, Moulins, Narbonne, Rethel, Rouen, Toulouse, Troyes.
Quinzaine : Valenciennes.
Un mois : Anduze (ouvriers au mois), Montbéliard.
Trois mois : Rive-de-Gier (contremaîtres).

Lamineurs. — *Néant :* Sedan.
Semaine : Le Havre.
Huitaine : Charleville, Maubeuge, Toulouse.
Quinzaine : Valenciennes.

______

(1) Sans autre indication.

Maîtres de forges. — *Cinq jours :* Laval.
Quinzaine : Nancy.

Fabricants de fer ouvré. — *Huitaine :* Toulouse.

Fabricants d'essieux et ressorts de voitures. — *Huitaine :* Toulouse.

Ferronniers. — *Huitaine :* Le Cateau, Charleville, Toulouse.

Fabricants d'outils en fer. — *Néant :* Valenciennes, Vienne.
Huitaine : Charleville.

Fabricants de boulons et rivets. — *Huitaine :* Maubeuge, Toulouse
Quinzaine : Valenciennes.

Tréfileurs. — *Néant :* Bourges, Vierzon.
Semaine : Le Havre.
Huitaine : Toulouse.
Un mois : Montbéliard.

Charpentiers en fer. — *Néant :* Lille.

Tôliers. — *Néant :* Menton.
Semaine : Le Havre.
Huitaine : Le Mans, Troyes.

Armuriers. — *Néant :* Angers, Châtellerault, Nantes, Rochefort, Versailles, Vienne, — Constantine, Sidi-Bel-Abbès.
Six jours : Bourges.
Semaine : Alençon, Elbeuf, Nîmes, Perpignan. — Alger.
80 heures : Saint-Quentin.
Huitaine : Auxerre, Châteauroux, Dunkerque, Le Mans, Moulins, Rouen, Saint-Étienne, Saumur, Sens, Toulon, Toulouse, Troyes, Valenciennes.
Quinzaine : Épinal.

Constructeurs de navires en fer. — *Néant :* Cette, Nantes. Rochefort, Saint-Nazaire.
Semaine : Caen, Le Havre.
Quinzaine : Rouen.

Forgerons de marine. — *Néant :* Bordeaux.

Perceurs de navires. — *Semaine :* Le Havre.

Dépeceurs de navires. — *Néant :* Le Havre.

Fabricants de chaudières. — *Néant :* Lille, Marseille.

Chaudronnerie en fer. — *Semaine :* Elbeuf.
Huitaine: Armentières, Le Mans, Toulouse.

Fondeurs de fonte malléable. — *Quinzaine :* Friville-Escarbotin.

Fondeurs (1). — *Néant :* Aix, Angers, Auxerre, Blois, Corbeil, Dijon, Marseille, Nancy, Périgueux, Rochefort, La Rochelle, Sedan, Sens, Toulon, Vierzon, Voiron. — Constantine, Sidi-bel-Abbès.

---

(1) Sans autre indication.

Trois jours : Rive-de-Gier.

Cinq jours : Laval.

Six jours : Bourges, Châlons, Niort.

Semaine : Alençon, Caen, Fécamp, Le Havre, Nîmes. — Alger.

80 heures : Saint-Quentin.

Huitaine : Abbeville, Armentières, Beauvais, Le Cateau, Castres, Charleville, Châteauroux, Darnétal, Lodève, Le Mans, Moulins, Narbonne, Rethel, Saint-Dié, Toulouse, Troyes, Vienne.

Quinzaine : Bolbec, Épinal, Guise, Montbéliard, Rouen.

Fondeurs de fer. — *Néant :* Bordeaux, Lille, Nantes.

Huitaine : Châtellerault, Halluin, Maubeuge.

Quinzaine : Valenciennes.

Fabricants de tuyaux en fer. — *Huitaine :* Maubeuge.

Quinzaine : Valenciennes.

Constructeurs-mécaniciens. — *Néant :* Angers, Auxerre, Bapaume, Béziers, Bordeaux, Cette, Charleville, Clermont-Ferrand, Corbeil, Dijon, Lille, Marseille, Menton, Nantes, La Rochelle, Romans (ouvriers aux pièces), Sedan, Sens, Toulon, Versailles, Vienne, Vierzon, Vichy, Voiron, Sidi-bel-Abbès.

Trois jours : Rive-de-Gier.

Cinq jours : Laval.

Six jours : Besançon, Bourges, Châlons.

Semaine : Alençon, Caen, Elbeuf, Fécamp, Le Havre, Lunéville, Nîmes, Perpignan. — Alger.

80 heures : Saint-Quentin.

Huitaine : Abbeville, Aix (ouvriers à la semaine), Anduze (ouvriers à la journée), Avignon, Blois, Châteauroux, Châtellerault, Darnétal, Dunkerque, Évreux, Guise, Limoges, Lodève, Le Mans, Maubeuge, Narbonne, Orléans, Rethel, Romans (ouvriers à la journée), Saint-Dié, Saint-Omer, Toulouse, Tourcoing, Troyes. — Philippeville (ouvriers à la journée).

Quinzaine : Aix (ouvriers au mois), Épinal, Romans (ouvriers au mois), Rouen, Valenciennes. — Constantine.

Un mois : Anduze (ouvriers au mois), Beauvais. — Philippeville (ouvriers au mois).

Constructeurs-mécaniciens-spécialistes. (Vélos, appareils de précision, broches, etc.) — *Huitaine :* Lille (1).

Un mois : Lille (1).

Constructeurs de moteurs à gaz et pétrole. — *Huitaine :* Toulouse.

Constructeurs de matériel de chemins de fer. — *Néant :* Valenciennes.

Fabricants de machines agricoles. — *Néant :* Auxerre, Sens.

Semaine : Perpignan.

Huitaine : Darnétal, Toulouse, Valenciennes.

---

(1) Suivant le mode de paye.

Fabricants de pompes. — *Néant :* Valenciennes, Vienne.
Six jours : Besançon.
Semaine : Perpignan.
Huitaine : Lille, Toulouse, Troyes.

Outilleurs. — *Semaine :* Le Havre.
Huitaine : Toulouse.

Électriciens. — *Néant :* Nantes, Sens, Versailles.
Semaine : Cambrai, Le Havre, Nîmes, Perpignan.
Huitaine : Châteauroux, Saint-Étienne, Toulouse.
Variable : Lunéville.

Chaudronniers. — *Néant :* Angers, Béziers, Blois, Bordeaux, Bourges, Clermont-Ferrand, Dijon, Marseille, Périgueux, Rochefort, Sedan, Sens, Vierzon, Voiron. — Constantine.
Trois jours : Rive-de-Gier.
Semaine : Alençon, Caen, Elbeuf, Fécamp, Le Havre, Lunéville, Nîmes. — Alger.
80 heures : Saint-Quentin.
Huit jours : Abbeville, Aix (ouvriers à la semaine), Anduze (ouvriers à la journée), Armentières, Avignon, Beauvais, Charleville, Châteauroux, Darnétal, Évreux, Halluin, Lille, Le Mans, Maubeuge, Nantes, Rethel, Saumur, Saint-Dié, Tourcoing, Troyes, Vienne.
Quinzaine : Aix (ouvriers au mois), Bolbec, Valenciennes.
Un mois : Anduze (ouvriers au mois).

Robinetterie, culots en cuivre. — *Néant :* Lille.
Quinzaine : Valenciennes.

Fondeurs de cuivre. — *Néant :* Bordeaux, Nantes, Lille, Vienne.
Huitaine : Châtellerault, Évreux, Halluin, Maubeuge.
Quinzaine : Friville-Escarbotin, Valenciennes.

Usines à gaz. — *Néant :* Aix, Angers, Béziers, Clermont-Ferrand, Saint-Étienne, Toulon. — Alger, Constantine, Sidi-bel-Abbès.
Six jours : Bourges, Besançon.
Semaine : Alençon, Elbeuf, Fécamp, Le Havre, Nîmes.
Huitaine : Auxerre, Beauvais, Châteauroux, Douai, Épinal, Le Mans, Maubeuge, Moulins, Narbonne, Paris, Rethel, Rochefort, Saint-Quentin, Troyes, Valenciennes, Vienne, Vierzon, Voiron.
Quinzaine : Darnétal, Perpignan, Rouen.
Un mois : Philippeville.

Gaziers. — *Néant :* Vichy.
Huitaine : Le Havre, Lille, Nantes, Paris, Toulouse, Valenciennes.
Variable à Lunéville.

Fabricants de coke. — *Huitaine :* Douai, Paris, Valenciennes.

Fabricants d'agglomérés combustibles. — *Néant :* La Rochelle (ouvriers à la journée).
Huitaine : Douai, Paris, La Rochelle (ouvriers au mois), Toulouse, Vienne.

Fabricants de briquettes. — *Néant :* Rochefort.

Huitaine : Douai, Valenciennes.

Fabricants de mottes à brûler. — *Néant :* Paris.

Fabricants d'électro-agglomérés. — *Six jours :* Besançon.

En résumé, les ouvriers de nos industries visés dans les réponses des Conseils de prud'-hommes se trouvent répartis en 424 groupes suivant leur spécialité et suivant la région où ils sont employés.

Pour 131 de ces groupes, il n'y a aucun délai de prévenance en usage ;

—	4	—	le délai est de 3 jours ;
—	4	—	— 5 jours ;
—	13	—	— 6 jours ;
—	58	—	— une semaine ;
—	4	—	— 80 heures ;
—	165	—	— huitaine ;
—	33	—	— quinzaine ;
—	9	—	— un mois ;
—	1	—	— trois mois ;
—	2	—	— est indiqué comme variable.

Deuxième Question.

1° *Êtes-vous informé que, dans votre région, on tende à supprimer le délai-congé par voie de règlement d'atelier?*

53 Conseils ont constaté que, dans leur circonscription, des règlements d'atelier avaient supprimé le délai-congé ;

65 Conseils ont, au contraire, répondu négativement à la question ; enfin, 5 Conseils ont déclaré que le délai-congé n'était pas en usage dans leur circonscription.

2° *Votre Conseil a-t-il été saisi de difficultés à cet égard?*

43 Conseils ont répondu affirmativement ;

69 ont déclaré qu'ils n'avaient pas eu à connaître de difficultés relatives au délai-congé supprimé par voie de règlement d'atelier.

D'une façon générale, le nombre des affaires de cette nature paraît avoir été surtout élevé après la promulgation de la loi du 27 décembre 1890 sur le contrat de louage, et tendre, au contraire, à diminuer depuis que la Cour de Cassation a établi sa jurisprudence en faveur du règlement d'atelier.

Troisième Question.

1° *Quels sont, à votre avis, les avantages ou les inconvénients de la pratique qui consiste à déroger aux usages en matière de délai-congé par les règlements d'atelier?*

A. — AVANTAGES.

Les usages ne peuvent être établis qu'en vue des cas généraux et ne peuvent pas prévoir toutes les circonstances particulières. Il est donc nécessaire qu'on puisse les modifier par les règlements d'atelier (Lyon-soierie).

Ces règlements d'atelier doivent être considérés comme des conventions passées entre les patrons et les ouvriers; enlever aux règlements d'atelier le droit de modifier les usages en matière de délai-congé serait porter atteinte à la liberté des conventions (Bohain, Bordeaux, Sidibel-Abès).

Grâce au règlement d'atelier, l'ouvrier sait exactement à quoi il s'engage ; il est fixé à l'avance sur ses droits et ses devoirs (Blois, Épinal, Rive-de-Gier).

La durée du délai-congé est très souvent, en effet, mal définie par les usages; ceux-ci peuvent donner lieu, de la part des Conseils de prud'hommes, à des interprétations diverses, d'où résultent un grand nombre de difficultés. Le règlement d'atelier, au contraire, par sa précision, évite des contestations et, quand il s'en produit, fournit des bases sérieuses d'appréciation pour les trancher (Abbeville, Anduze, Belfort, Bordeaux, Falaise, Halluin, Orléans, Rochefort, Saint-Dié).

Le règlement d'atelier est, en outre, nécessaire pour les ouvriers étrangers au pays, qui ne peuvent en connaître les usages (Abbeville, Alençon).

Les patrons du Conseil de Beauvais font remarquer que, d'ailleurs, les règlements d'atelier sont généralement basés sur les usages locaux en vigueur.

Les patrons du Conseil de Lille déclarent que, si dans leur région des modifications ont été apportées aux usages anciens, elles ont été demandées d'abord par les ouvriers, et les patrons n'ont généralisé de plus en plus la suppression du délai-congé qu'en présence de la difficulté qu'ils éprouvaient à le faire observer par leurs ouvriers. Ceux-ci paraissaient admettre le délai-congé dans les périodes de crise et vouloir s'en affranchir dans les périodes où le travail est abondant.

Le Conseil de Montpellier fait remarquer que, dans sa région, l'usage est de ne pas accorder de délai-congé, mais qu'il suffirait qu'un règlement d'atelier confirme cet usage pour qu'on lui trouve des inconvénients.

Avec le règlement d'atelier le patron reste maître chez lui, et celui qui élabore un règlement juste et libéral aura toujours les meilleurs ouvriers (Lyon-soierie).

D'ailleurs, les ouvriers auxquels ce règlement d'atelier ne donne pas satisfaction ont toujours la liberté de s'embaucher ailleurs (Lyon-soierie), et si l'on prétend que l'ouvrier, poussé par le besoin, accepte sans pouvoir les discuter les conditions imposées par le patron, on répondra que l'ouvrier ne s'engage jamais que pour un temps indéterminé et qu'il est toujours libre de chercher mieux (Reims).

Les Conseils suivants, sans donner leurs raisons, déclarent que la pratique qui consiste à déroger aux usages en matière de délai-congé par des règlements d'atelier présente des avantages (Armentières, Aubusson, Béziers, Caen, Guise, Halluin, Sedan).

Un certain nombre de Conseils, tout en approuvant l'usage des règlements d'atelier, ont posé des conditions, savoir : que les règlements d'atelier reçoivent toute la publicité possible

(Douai) ; qne des conditions spéciales d'affichage leur soient imposées (Armentières, Laval) ; qu'il soit établi que l'ouvrier en a eu connaissance avant de commencer le travail (La Rochelle. Vichy) ; qu'une copie en soit délivrée à chaque ouvrier (Saint-Étienne-tissus).

Les Conseils de Darnétal et d'Orléans demandent que ces règlements soient homologués par les Conseils de prud'hommes ; les Conseils d'Armentières, Laval, Morlaix demandent simplement que ces règlements soient déposés devant les Conseils de prud'hommes.

Enfin, les Conseils de Clermont-Ferrand, Corbeil, Morlaix et Alger demandent que les règlements d'atelier soient élaborés contradictoirement par les patrons et les ouvriers et leurs délégués, ce qui amène aux conventions collectives dont il sera question plus loin.

B. — INCONVÉNIENTS.

Les Conseils qui soutiennent les arguments précédents, conformément à la jurisprudence de la Cour de Cassation, considèrent les règlements d'atelier comme une *convention* à laquelle souscrivent les patrons et les ouvriers.

Or, il n'en est pas ainsi en pratique.

Très souvent l'ouvrier ignore absolument la teneur du règlement d'atelier, pour cette seule raison qu'on ne le lui a jamais communiqué : le jour où il est renvoyé, cet ouvrier se trouve tout surpris d'apprendre qu'il n'a pas droit au délai-congé (Amplepuis, Fougères. Tarare. Troyes, Constantine). La publicité de ces règlements d'atelier est, la plupart du temps, insuffisante, et les affiches qui en portent le texte à la connaissance des ouvriers sont ou trop peu nombreuses, ou trop mal placées pour en permettre facilement la lecture (Avignon, Valenciennes). Il peut encore se rencontrer un certain nombre d'ouvriers qui ne savent pas lire, qui n'osent pas le dire et qui ne se trouvent pas avertis des clauses contenues dans le règlement d'atelier (Avignon). D'autre part, il arrive souvent que l'ouvrier auquel le règlement n'a pas été communiqué au moment de son embauchage, soit appelé à travailler au dehors, sur les chantiers, et jamais à l'atelier où seulement le règlement est affiché (Morlaix).

Quand même l'ouvrier pourrait avoir connaissance du règlement d'atelier il lui est impossible, dans tous les cas, d'en discuter les clauses. L'ouvrier qui n'a pas de travail, pour échapper à la misère, acceptera tous les règlements qui lui sont présentés. Il est placé dans l'alternative, soit de se conformer aux stipulations du règlement d'atelier, soit de rester sans travail et sans ressources. Les ouvriers se trouvent donc dans un état d'infériorité manifeste vis-à-vis des patrons au point de vue de la discussion de la clause du délai-congé dans les règlements d'atelier (Albi, Beauvais, Besançon, Morlaix, Nantes, Nîmes, Thizy, La Tour-du-Pin).

Les ouvriers sont alors obligés de se soumettre au règlement d'atelier. Or ce règlement est rédigé par les patrons seuls, qui en disposent toutes les clauses à leur avantage (Anduze. Albi, Besançon, Cognac, Mazamet, Montluçon, Romorantin, Saumur, Thizy, Versailles, Alger).

C'est ainsi que certains patrons suppriment ou rétablissent le délai-congé suivant la marche des affaires. Dans les moments de crise, ils le suppriment, se réservant le droit de pouvoir diminuer leur personnel du jour au lendemain ; par contre, dans les périodes où le travail est abondant, ils rétablissent l'usage du délai-congé dans la crainte de voir leur personnel les quitter (Le Cateau, Lille-ouvriers, Nîmes).

D'ailleurs, les règlements d'atelier sont une source de conflits (Moulins, Troyes). Leur rédaction n'est pas toujours très claire et peut quelquefois donner lieu à diverses interprétations (Perpignan). Il y aura les plus grandes difficultés à discerner si l'ouvrier a ou n'a pas eu connaissance du règlement d'atelier (Roanne, Valenciennes) ; la diversité même des règlements d'atelier ne peut que jeter la confusion dans l'esprit des juges et des justiciables (Rochefort, Saumur, Troyes).

Les Conseils de Calais et du Havre concluent que, si on doit reconnaître aux règlements d'atelier la faculté de régler la discipline intérieure, les horaires, l'organisation du travail, ils ne devraient en rien viser le délai-congé.

2° Êtes-vous d'avis qu'il ne puisse pas être dérogé aux usages en matière de délai-congé par voie de règlement d'atelier?

50 Conseils ont répondu affirmativement (c'est-à-dire qu'il ne puisse pas être dérogé) ;
45 Conseils ont répondu négativement (c'est-à-dire qu'il puisse être dérogé).

Quatrième Question.

1° Quels sont, à votre avis, les avantages ou les inconvénients de la pratique qui consiste à déroger aux usages en matière de délai-congé par des conventions individuelles expresses?

A. — Avantages.

Les conventions individuelles présenteront, en général, une précision qui ne pourra être que favorable aux parties, en déterminant exactement leurs droits et leurs devoirs. Il y aura moins de place pour l'équivoque, et, par suite, beaucoup de conflits seront évités. Les parties contractantes sauront exactement à quoi elles s'engagent, et, si ces conventions sont écrites et signées, les parties ne pourront pas prétendre qu'elles les ignorent. En cas de contestation, ces conventions écrites fourniront aux juges une base indiscutable pour prononcer leur sentence (Abbeville, Amiens. Aubusson, Épinal, Le Havre, Montpellier, Paris-tissus (patrons), Rochefort, Sidi-bel-Abbès).

Les conventions individuelles pourront être simplement l'acceptation écrite par l'ouvrier, du règlement d'atelier, qui deviendra ainsi une convention sans qu'on puisse en contester la validité (Lille-patrons).

L'usage de ces conventions écrites est utile dans le cas où un patron fait venir un ouvrier d'une certaine distance ; l'ouvrier qui se déplace doit être assuré d'un délai-congé plus long que celui qui est installé dans le pays (Evreux).

Les Conseils d'Albi, Douai, Montluçon, Saint-Quentin, Voiron déclarent, sans préciser, que cette pratique offre des avantages.

Enfin un certain nombre de Conseils déclarent qu'il est absolument impossible d'empêcher l'usage des conventions individuelles qui, aux termes du Code civil tiennent lieu de loi à ceux qui les ont faites. Elles doivent primer les usages (Béziers, Castres, Châlons, Cette,

Friville-Escarbotin, Le Havre, Lyon-soiries, Nancy, Nantes, Orléans, Paris-produits chimiques ,
Périgueux, Rochefort, Tours, Valenciennes, Versailles, Sidi-bel-Abbès).

B. — Inconvénients.

Les inconvénients des conventions individuelles résultent tout d'abord du régime diffé-
rent sous lequel se trouvent placés les ouvriers d'un même établissement; il se produirait,
dans ce cas, des injustices et des mécontentements (Bohain, Nantes, Rive-de-Gier).

Il pourra se trouver que des ouvriers peu instruits ne comprennent pas bien la teneur
des contrats individuels qu'on leur fera signer, et cette situation pourra les mettre en état
d'infériorité vis-à-vis des patrons (Abbeville, Perpignan, Alger).

Quand même l'ouvrier saurait apprécier les termes de son engagement, il est certain
qu'il se trouvera dans l'impossibilité de les discuter. Il n'a d'autre parti à prendre, de même
qu'en présence des règlements d'atelier, que d'accepter ce qu'on lui propose ou de rester sans
travail. Pressé par le besoin, l'ouvrier consentira à tout ce que l'on voudra (Anduze, Le
Cateau, Cognac, Lille (ouvriers), Nantes, Nîmes, Niort, Paris-tissus (ouvriers), Perpignan,
Roanne, Saint-Étienne (divers), Saumur, Thizy, la Tour-du-Pin, Villebois).

D'autre part, de telles conventions doivent être rédigées par écrit. Or, on se demande
quel accueil ferait le patron à l'ouvrier qui lui demanderait de rédiger un contrat de travail
(Avignon).

Les conventions individuelles ne peuvent être employées avantageusement que lorsqu'il
s'agit de contremaîtres, de chefs de chantiers ou d'ouvriers spéciaux (Aix, Dijon, Épinal,
Guise, Saint-Dié, Tourcoing, Vire).

Enfin, sans donner leurs motifs, 11 Conseils ont répondu que cette pratique présente des
inconvénients.

*2° Êtes-vous d'avis qu'il ne puisse pas être dérogé aux usages en matière de délai-congé
par des conventions individuelles ?*

33 Conseils ont répondu affirmativement (c'est-à-dire qu'il ne puisse pas être dérogé).

54 Conseils ont répondu négativement (c'est-à-dire qu'il puisse être dérogé).

Cinquième Question.

*1° Quels sont, à votre avis, les avantages ou les inconvénients de la pratique qui consiste à
fixer les usages en matière de délai-congé par des conventions conclues entre les groupements
patronaux et ouvriers de la profession ?*

A. — Inconvénients.

Certains Conseils ont émis l'opinion que de telles conventions portent atteinte à la liberté
individuelle ; les groupements patronaux et ouvriers ne représentent qu'une partie des intéressés, et il y aurait abus à imposer à ceux qui ne font pas partie de ces groupements l'ob-

servation de ces conventions collectives (Abbeville, Amiens, Anduze, Beauvais (patrons), Calais, Friville-Escarbotin, Guise, Lille (patrons), Paris-tissus (patrons), Rive-de-Gier, Saint-Nazaire, Tarare, Voiron).

Les patrons du Conseil de Lille et le Conseil de Fourmies émettent la crainte que chacune des parties ne se montre irréductible lorsque les patrons et les ouvriers se trouveront en présence ; si l'accord parvient à se faire, il n'aura aucune chance de durée.

Les conventions collectives n'ont aucune sanction et sont généralement peu respectées. Le patron serait engagé envers la collectivité, tandis que l'individualité ouvrière ne le serait pas envers le patron, car de telles conventions collectives n'empêcheraient pas les réclamations particulières de se produire (Charleville, Reims, Romans).

Enfin, sans donner de motifs, les Conseils d'Aubusson, Bar-le-Duc, Cambrai, Louviers, Orléans, Vire, déclarent que cette pratique présente des inconvénients.

B. — AVANTAGES.

Les ouvriers, quand ils sont réunis en groupement, se trouvent avoir beaucoup plus de liberté pour débattre avec les patrons les conditions de leur travail et défendre leurs intérêts que lorsqu'ils sont isolés (Anduze, La Tour-du-Pin).

Aucun système ne paraît plus rationnel que de donner à l'ensemble de ceux qui sont intéressés dans la question le soin de modifier, s'il y a lieu, les usages en matière de délai-congé; ce serait faire appel, pour trancher cette question, à ceux qui peuvent en être les meilleurs juges (Avignon, Cognac, Dijon, Lille-ouvriers, Maubeuge, Le Puy, Roanne, Valenciennes, Alger).

Ce système, d'autre part, offrira mieux que tout autre, par son autorité collective, une garantie de respect des conventions (Montpellier, Paris-produits chimiques).

Aussi ces conventions sont-elles de nature à faire de beaucoup diminuer le nombre des difficultés (Aix, Besançon, Epinal, Fécamp, Le Havre, Morlaix, Nantes, Romorantin, Saint-Étienne (divers), Alger).

D'autre part, en cas de contestation, l'existence de ces conventions facilitera la tâche des Conseils de prud'hommes qui n'auront, dans leurs jugements, qu'à en faire l'application (Millau, Nîmes, Rochefort).

D'ailleurs, les Conseils de Nantes et Saint-Quentin font observer que recourir aux groupements pour fixer les usages est le mode le plus logique qui se puisse employer, car, en effet, que sont les usages sinon le résultat d'une entente tacite qui s'est établie, à la longue, entre les patrons et les ouvriers?

Les Conseils d'Halluin, Romorantin, Saint-Étienne (divers), ont remarqué que les contestations étaient beaucoup moins fréquentes depuis que de semblables conventions existent dans leur circonscription.

Les Conseils suivants, sans donner de raisons, déclarent que la pratique en question présente des avantages : Amiens, Auxerre, Albi, Béziers, Blois, Châlons, La Ferté-Macé, Fougères, Grenoble, Limoges, Montluçon, Nancy, Paris-tissus (ouvriers), Saint-Omer, Saumur, Sedan, Sens, Toulon, Versailles, Constantine.

Enfin, les Conseils de Castres, Cognac, Darnétal, Lyon (soirie), Moulin, Perpignan, Saint-

Étienne (tissus), Tourcoing, Tours, admettent l'utilité des conventions collectives, à la condition que ceux qui les adoptent représentent véritablement une majorité parmi ceux qui devront y être soumis.

2° Ces conventions collectives devraient-elles être seules admises à modifier ou à supprimer l'usage du délai-congé?

23 Conseils ont répondu affirmativement à cette question ;
39 ont répondu négativement.

Conclusions.

Comme conclusions, la Commission permanente a décidé de poser purement et simplement au Conseil supérieur du travail les trois questions suivantes :

1° Le Conseil supérieur du travail est-il d'avis qu'il ne puisse pas être dérogé aux usages en matière de délai-congé par voie de règlement d'atelier?

2° Le Conseil supérieur du travail est-il d'avis qu'il ne puisse pas être dérogé aux usages en matière de délai-congé par des conventions individuelles?

3° Le Conseil supérieur du travail est-il d'avis que les conventions conclues entre les groupements patronaux et les groupements ouvriers de la profession devraient être les seules conventions collectives admises à modifier ou à supprimer le délai-congé?

IMPRIMERIE CHAIX, RUE BERGÈRE, 20, PARIS. — 26143-10-03. — (Encre Lorilleux).

LISTE

DES

CHAMBRES SYNDICALES FAISANT PARTIE DE L'UNION

Chambre syndicale de l'Automobile et des Industries qui s'y rattachent.
Chambre syndicale des Constructeurs de navires et de machines marines.
Chambre syndicale des Entrepreneurs de Constructions métalliques de France.
Chambre syndicale des Fabricants et Constructeurs de matériel de guerre.
Chambre syndicale des Fabricants et des Constructeurs de matériel pour Chemins de fer et Tramways.
Chambre syndicale des Mécaniciens, Chaudronniers et Fondeurs de Paris.
Chambre syndicale des Métaux.
Comité central des Houillères de France.
Comité des Forges de France.
Syndicat des Forces hydrauliques.
Syndicat général des Fondeurs en fer de France.
Syndicat professionnel de l'Industrie du Gaz.
Syndicat professionnel des Industries électriques.
Syndicat professionnel des Usines d'électricité.